MÉTHODE
DE LECTURE

AVEC

ET SANS ÉPELLATION,

Par C. d'E.

CHAPITRE PREMIER.

WAZEMMES,

IMPRIMERIE DE HOREMANS, LIBRAIRE ET LITHOGRAPHE.

CHAPITRE PREMIER.

a e é i y
o u

b (be) p (pe) m (me)

b	u	bu
p	u	pu
m	u	mu
m	a	ma
m	e	me
m	i	mi

b	o	bo	
b	o	bo	bo bo
p	a	pa	
p	a	pa	pa pa

a e é i y o u

b p m

	p	a	pa	
	p	e	pe	pa pe
	p	i	pi	
	p	e	pe	pi pe
é	p	i	pi	é pi
â	m	e	me	â me
a	m	i	mi	a mi
a	b	i	bi	
	m	a	ma	a bi ma
a	b	i	bi	
	m	e	me	a bi me
a	b	i	bi	
	m	é	mé	a bi mé
	m	ê	mê	
	m	e	me	mê me

a e é i y o u

b p m

d (de)   **t** (te)

d	**a**	**da**		
d	**e**	**de**		
d	**é**	**dé**		
d	**o**	**do**		
d	**u**	**du**		
d	a	da		
d	a	da	da	da
d	o	do		
d	o	do	do	do
d	o	do		
d	u	du	do	du

— 4 —

b	p	m	d	t
d	a	da		
m	e	me	da me	
d	i	di		
m	e	me	di me	
d	o	do		
m	e	me	do me	
d	u	du		
p	e	pe	du pe	
	dupa		dupé	
m	o	mo		
d	e	de	mo de	
d	e	de		
m	i	mi	de mi	
m	i	mi		
d	i	di	mi di	

	b	p	m	d	t
	t	a	ta		
	t	e	te		
	t	u	tu		
t	u		tu		
b	e		be		tu be
t	ê		tê		
t	e		te		tê te
t	ê		tê		
t	u		tu		tê tu
d	i		di		
t	o		to		di to
é	t	é	té		é té
o	t	a	ta		o ta
		o te	o té		

	b	p	m	d	t
b		ê		bề	
t		a		ta		bê ta
b		ê		bê	
t		e		te		bê te
b		u		bu	
t		a		ta		bu ta
		bu te		bu té	
p		â		pâ	
t		e		te		pâ te
p		â		pâ	
t		é		té		pâ té
p		a		pa	
t		i		ti		pa ti

b	à	bâ	
t	i	ti	bâ ti
m	i	mi	
t	e	te	mi te
b	i	bi	
p	è	pè	
d	e	de	bi pè de
b	i	bi	
t	u	tu	
m	e	me	bi tu me
p	e	pe	
t	i	ti	
t	e	te	pe ti te
m	a	ma	
d	a	da	
m	è	me	ma da me

m	é	mé	
d	i	di	
t	a	ta	mé di ta

mé di te   mé di té

d	é	dé	
b	i	bi	
t	a	ta	dé bi ta

dé bi te   dé bi té

d	é	dé	
b	u	bu	
t	a	ta	dé bu ta

dé bu te   dé bu té

d	é	dé	
p	u	pu	
t	a	ta	dé pu ta

dé pu te   dé pu té

b p m d t V (ve)

v a va

ba va
pa va — dé pa va
é va dé

v i vi

v e ve

vi ve

ba ve
pa ve — dé pa ve
é tu ve
du bi ta ti ve

v i vi
d a da
vi da

vi de — vi dé
dé vi da
dé vi de   dé vi dé
a vi de
a vi di té
é vi ta
é vi te   é vi té

v ê vê
t u tu
vê tu
pa vé   dé pa vé
ba va   ba ve   ba vé

v o vo
m i mi
vo mi
vo té
vo te vo ta
pi vo ta
pi vo te pi vo té
vi vo ta
vi vo te vi vo té
dé vo te

v u vu

---

f(fe) a fa
f i fi
vi vi fie

fa fa
de de
fa de
fa mé
fa tui té
fè fè
ve ve fè ve
fé e
fè te fè ta fè té
fé tu
fé ti de
fé ti di té
fu fu
ma ma
fu ma
fu me fu mé fu mée
fui te
fui té

l(le) a la
l a   la   la la

la me   la mé

la ma

la va   la ve   la vé

la va bo

la pa   la pe   lapé

la pi da   la pi de   la pi dé

la ti tu de

ma la de

ma la di ve

ma da po la me

di la pi de   di la pi dé

le   le
pi le
po le
vi le
fi le
i le
i do le
é to le
o va le
-ma le

ma le bê te
pê le mê le
pé da le
dé da le
la bi le

l o   lo
t o   to   lo to
pe lo te   pi lo te

l é lé

bé lé	bè la	bè le
pe lé	pe la	pè le
mè lé	mé la	mè le
vé lé	vé la	vé le
vo lé	vo la	vo le
fé lé	fé la	fé le

mo de lé	mo de la	mo dè le
mo du lé	mo du la	mo du le
dé te lé	dé te la	dé tè le
dé mé lé	dé mê la	dé mê le

l u lu

é lu
ve lu
dé vo lu
vo lu te

l   i   li
m   e   me   li me
li mé   li ma
li mi te   li mi té   li mi ta
li vi de   li vi di té
pa le   pa li
po li   dé po li
tu li pe
mo bi le   mo bi li té
dé bi le   dé bi li té
va li de   va li di té
fa ta le   fa ta li té
fi dè le   fi dé li té
fu ti le   fu ti li té
di la ta bi li té

n(ne) **a** **na**

t i ti
v e ve na ti ve

na ti vi té   na ta le

na va le

a   n   e   âne

pé ne

mi ne

du ne

lu ne

ba bi ne

bo bi ne

ba di ne

ma do ne

fa mi ne

pa la ti ne

n ni ni
u ni
pu ni
mu ni
va ni té
di vi ni té
fi ni dé fi ni

ni ve la   ni ve lé   ni vè le
ma ni pu la ma ni pu lé ma ni pu le

n o no
t e te no te
no té no ta
dé no te dé no té dé no ta
no ma de
no ni di
do mi no

n   u   nu

nu di té
nu e   nu ée
nu bi le   nu bi li té
me nu
mi nu te
te nu   dé te nu
ve nu   de ve nu

n   é   né

me na   me né   mè ne
di na   di né   di ne
fa na   fa nè   fa ne

ba di na   ba di né   ba di ne
pa ti na   pa ti né   pa ti ne
mu ti na   mu ti né   mu ti ne
do mi na   do mi né   do mi ne
do di na   do di né   do di ne
de vi na   de vi né   de vi ne

r⁽ʳᵉ⁾ a   ra
m e   me   ra me

ra mé   ra ma   ra me ra
ra ni me   ra ni mé   ra ni ma   ra ni me ra

ra le
ra pi ne
ra fa le

ra pi de   ra pi di té

pa ra de
pa ra fe
pa ra bo le

li bé ra le   li bé ra li té

mé mo ra ti ve
pè le ra   pu ni ra

mo ra le   mo ra li té

r e re	du re
v u vu	du re té
re vu	du re ra
re vue	ra re
re mè de	ra re té
re pè re	ra pu re
re di te	ra tu re
rē ve nu	ta ra re
re te nu	ba vu re
redevenu	pè lu re
pè re	dé li re
pu re	na tu re
pi re	na vi re
mè re	fé lu re
ma re	fi la tu re
mi re	tu bu lu re
mu re	re li u re
	re vê tu
	re vê ti ra

re bu te	**re bu té**
re bu ta	re bu te ra
re bâ ti	**re ba ti ra**
re pa ve	**re pa vé**
re pa va	re pa ve ra
re mê le	**re mê lé**
re mê la	re mê le ra
re ti re	**re ti ré**
re ti ra	re ti re ra
re fu te	**re fu té**
re fu ta	re fu te ra
re le vé	**re le va**
re lè ve	re lè ve ra
re la ve	**re la vé**
re la va	re la ve ra
re li é	**re li a**
re lie	re li e ra

re ni é   re ni a
re ni e   re ni e ra

re li me   re li mé
re li ma   re li me ra

re vi de   re vi dé
re vi da   re vi de ra

re lu   re li re   re li ra

di re   dé di re
re di re   re di ra

mé di re   mé di ra

re mu é   re mu a
re mu e   re mu e ra

---

r u ru | ru i ne
d e de | pa ru re
ru de |
rue | fo ru re

r é ré

ta ré

ré ti ne

ré vo lu

ré pu té

fé dé ré

ré ve	ré vé	ré va	ré ve ra
ré pè te	ré pé té	ré pé ta	ré pé te ra
ré pa ré	ré pa re	ré pa ra	ré pa re ra
re ti ré	re ti re	re ti ra	re ti re ra
ré é lu	ré é li re	ré é li ra	
dé vo ré	dé vo re	dé vo ra	dé vo re ra
dé fé ré	dé fé re	dé fé ra	dé fé re ra
mo dé ré	mo dè re	mo dé ra	mo dé re ra
ré dui re	ré dui ra	ré dui te	

r i ri

ta ri

ri de ri dé ri da

ri me ri mé

ri ma ri me ra

ri pe

ri ve ri vé ri va

ri ve ra ri vu re

ri re ri ra

ri va le ri va li té

ri ve ri viè re

bi ri bi

bu ri ne bu ri né bu ri na

py ri te

ma ri ne

mé ri te mé ri té

mé ri ta mé ri te ra

dé pé ri dé pé ri ra

fa ri ne
fa vo ri
fa vo ri te
vé ri té
va ri o le
ma tu ri té
lo te rie

re ma rié   re ma ria   re ma rie ra

r   **o**   **ro**
b   e   be

ro be
ro le
ro ti
pa ro le
ro tu le
fé ve ro le
pe ti te vé ro le

ro de   ro dé   ro da   ro de ra

j (je)   **e**   **je**
je ta   je té   je tée

j   **a**   **ja**
b   o   bo   ja bo

j   **u**   **ju**
p   e   pe   ju pe
ju re   ju ré   ju ra   ju re ra
ju ri
ju bé
ju ju be
ju bi lé
ju i ve

j   **o**   **jo**
l   i   li   jo li
jo li ve té
jo via le   jo via li té
mi jo te   mi jo té   mi jo ta
ma jo ri té

Z(ze) é zé

r   o   ro   zé ro
         zè le   zè lé

Z o zo

n   e   ne   zo ne
         a zo te
         a ma zo ne

Z u zu

r   e   re   a zu re   a zu ré

S(se) a sa

l   e   le   sa le
     sa li   sa li ra
sa lé   sa le   sa le ra
     sa la de
sa pa   sa pé   sa pe   sa pe ra
     sa va te
     sa li ne
     sa li ve
     sa ti re

s o so

l o lo so lo

so na te

so li de   so li di té

so li tu de

so lu bi li té

s u su

b i bi su bi su bi ra

s e se

n é né se né

se mé se ma

s è sè

v e ve sè ve

sé vi sè me sé me ra

sé bi le

se ri ne sé ri né sé ri na

sé pa re sé pa ré sé pa ra sé pa re ra

s i si

lo olo si lo

si te

si re

sy ba ri te

si mu lé   si mu le   si mu la

si mu le ra

si mi li tu de

---

c(que) a ca

v e ve

ca ve

ca pe

ca le

ca ne

ca ba ne

ca bi ne

ca ba le

ca po te

ca na pé

ca na ri

ca la de

ca nu le

ca ra fe

ca rê me

ca rè ne

ca va le

ca ju te

ca pi ta le

ca	pi	to	le		**C**	**O**	**CO**
ca	la	mi	té				
ca	ra	va	ne		**C**	**O**	**CO**
ca	ra	bi	ne				
ca	lo	ri	fè	re		**CO**	**CO**
ca	pi	tu	le		co	de	
ca	pi	tu	lé		co	te	
ca	pi	tu	la		co	té	
ca	pi	tu	le	ra	co	ta	
ca	bo	te			co	te	ra
ca	bo	té			co	mè	te
ca	bo	ta			co	mi	té
dé	ca				co	lè	re
dé	ca	de			co	lu	re
dé	ca	di			ca	ra	co
lo	ca	le			co	le	ra
lo	ca	li	té		re	co	le
ju	di	ca	tu	re	re	co	lé
ré	ca	pi	tu	le	re	co	la
ré	ca	pi	tu	lé	re	co	le	ra
ré	ca	pi	tu	la			
ré	ca	pi	tu	le	ra		

ca ra co le

ca ra co lé   ca ra co la

ca ra co le ra

lo co mo ti ve

dé co re

dé co ré   dé co ra   dé co re ra

é co le   a co ly te

co te rie   a po co   co pie

é co no me   é co no mie

co lo ré   co lo rié   co lo re ra

———

e   o   co

k e   ke co ke

k i   ki

l   o   lo   **ki lo**

c u cu
r é ré cu ré

cu re   cu ra   cu re ra

ré cu re   ré cu ré   re cu ra   ré cu re ra

cu pi de   cu pi di té

cu mu le   cu mu lé   cu mu la   cu mu le ra

re cu le   re cu lé   re cu la   re cu le ra

é cu

cu ta né

pé di cu re

pé di cu le

ra di cu le

ri di cu le

la cu ne

g(gne)   a   ga
l   e   le   ga   le
                ga   re
                ga lè   re
                ga lè   ne
                ga le   rie
                 a ga   te
              fê te   ga   la
       é ga li té   i né ga li té
        ga te   ga té   ga ta   ga te ra
ga lo pe   ga lo pé   ga lo pa   ga lo pe ra
                ga lo pa de
ré ga le, ré ga lé, ré ga la, ré ga le ra,
                ré ga la de
                né ga ti ve

g   o   go
b   é   be   go bé
    go ba   go be   go bé ra
        po ly go ne
dé ca go ne   do dé ca go ne
        ré gu la ri té

www.ingramcontent.com/pod-product-compliance
Lightning Source LLC
Chambersburg PA
CBHW060901050426
42453CB00010B/1522